今を生きることば

菜根譚の心を書く

磯野美智子

文芸社

はじめに

世の中は、常に移り変わります。
その流れの中にあって「今を生きる」
には、時に、ふさわしい判断と行動
が必要となります。

判断するには、まず、心が静かであることです。静は、行動とのバランスをとる上で必要です。しかしなかなか心は静にならぬことが多いものです。そのような時、古人のことばを繰り返し読み進んでいきますと、少しずつ全身に浸透していくものです。「霧の中をゆくと衣がしめる」ように。古人のことばは、現代の私たちへのメッセージとして、人生それぞれの意味を示しているように思われます。

本書は、菜根譚〔洪自誠(応明)著、中村璋八・石川力山全訳、講談社学術文庫〕全集の中より抜粋し、手書きすることを試みたものです。

筆をもつつもりで、身近にあるマジックペン
ボールペンを用い、心に残ることばを書いて
いくという実践を通して、自らを活性化
していくことをねらいとしています。

平成二十一年三月

磯野美智子

目次

はじめに 3

1 耳に逆うの言 13

2 真味 18

3 心を観ぜば 21

4 放ち得て寛き 24

5 径路の窄き処 26

6 一歩を譲る 29

7 個の有余不尽の意志 33

8 家庭 38

9 世に処りては 42

10 初心を原ぬ 46

11 人情は反復 49

12 魔を降すには 51

13 浪静かなる中に 55
14 学ぶ者は 58
15 福は 60
16 人の際遇 62
17 学を講じて 64
18 苦心の中に 67
19 天地の気 69
20 一苦一楽して 72
21 風、疎竹に来たるも 74
22 閑中に放過せざれば 77
23 静中の念慮 80
24 静中の静 84
25 己を舎てては 89
26 天の我に薄くするに 93
27 此の心、常に看得て 98

28　逆境の中に居らば　101
29　人心の一真は　105
30　爽口の味は　109
31　天地は万古有るも　114
32　老来の疾病は　119
33　父兄骨肉の変　121
34　小処にも滲漏せず　123
35　衰颯の景象は　126
36　吾が身は一の小天地　128
37　青天白日の節義　133
38　徳は量に随いて　136
39　一燈蛍然として　139
40　水は波あらざれば　145
41　念頭の寛厚なるもの　150
42　人の過誤は　154

43　心体は、便ち是れ天体　157
44　事無きの時　163
45　事を議するには　167
46　一念の慈祥は　170
47　山に登りては　173
48　磨礪は　178
49　払意　181
50　冷眼もて　185
51　風斜めに　187
菜根譚におもう　191
おわりに　193

1　耳《みみ》に逆《さから》うの言《げん》

耳《じ》中《ちゅう》常《つね》に耳《みみ》に逆《さから》うの言《げん》を聞《き》き、心《しん》中《ちゅう》常《つね》に心《こころ》に払《もと》るの事《こと》有《あ》らば、纔《わず》かに是《こ》れ徳《とく》に進《すす》み行《おこな》いを修《おさ》むるの砥石《しせき》なるのみ。若《も》し、言々《げんげん》耳《みみ》を悦《よろこ》ばし、事々《じじ》心《こころ》に快《こころよ》くば・便《すなわ》ち此《こ》の生《せい》を把《と》りて鴆《ちん》毒《どく》の中《うち》に埋《まい》在《ざい》せん。

〔訳〕耳にはいつも聞きづらい忠言を聞き、心にはいつも思い通りにならないことがあったならば、それではじめて人間を徳に進ませ、行いを修めさせることのできる砥《と》石《いし》のような役割を果たすものとなるだけである。

もし、言われる言葉がすべて快く耳に聞こえ、物事がすべて心に満足するようなら、そんなことではこの人生を自分で猛毒の中に投げ沈めてしまうようなものである。

人は、自分に快く聞こえることばに弱く、忠告や苦言に対しては、不快を伴うことが多いものです。

ほめられなければ、行動に移せないという子どもの問題ある事例もあります。ことばの真意を理解することは、次の行動を起こすことと深い関係にあります。成人のみでなく子どもへの接し方においても学ぶことが多いと思われます。

2　真味《しんみ》

醲《じょう》肥《ひ》辛《しん》甘《かん》は真味《しんみ》に非《あら》ず、真味《しんみ》は只《ただ》是《こ》れ淡《たん》なり。

〔訳〕味の濃厚な美酒美肉や、辛いものや甘いものは、ほんとうの味ではなく、ほんとうの味は、ただ淡白なだけの味、である。

甘、酸、塩、苦は、最も基本的な味です。味を科学的に最初に発表したのは、ドイツのヘニングで、甘味、酸味、塩味、苦味は、ヘニングの四原味と言われています。

食物の味には、この他にわが国において古来、だしの味として、うま味があります。このうま味は、日本の池田菊苗博士のこんぶを対象にした研究により見出されました。

これら五種の味の最低呈味濃度（閾値《いきち》）を、かなり以前に調査したことがあります。高校生は、味覚の感度が高いものでした。

ところが、高校生の四割以上が、生活習慣病予備軍であることが、近年明らかにされています（二〇〇九年四月発表、厚生労働省研究班調査）。

又、日本人の一日に摂取することが望ましい食塩の量は一〇グラム以下とされていますが、過剰摂取が指摘されている現今です。

食物の味つけも、人間としての味も「真味《しんみ》は只是《ただこ》れ淡《たん》なり」。

現在、最も味わいたいことばです。

3

心《しん》を観《かん》ぜば

夜《よる》深《ふか》く人《ひと》静《しず》かなるとき、
独《ひと》り坐《ざ》して心《しん》を観《かん》ぜば、
始《はじ》めて妄《もう》窮《きわ》まりて、真《しん》
独《ひと》り露《あらわ》なるを覚《さと》る。

〔訳〕夜が更けて人々が寝静まった時、ただ独《ひと》り坐禅して自分の本心を観察すると、はじめていろいろの妄念がはたらかなくなって、ただ本来の清らかな真心だけがはたらくのがわかる。

このことばにふれますと、坐禅を体験したことのない人も坐禅をしている状態をからだに感じるような思いになるのではないでしょうか。禅寺で若い頃、坐禅と書くことをしましたが、重なり合うものがあります。

その頃から、普通の生活で坐禅と同じ状況を作っていくことを常に考えるようになりました。日々自身と向き合う時を充分ではないまでももつことが、自身を再生させていくことにつながると考えます。

近年外国で、禅の修行者と経験のない人の脳活動の観察もされています。

4

放《はな》ち得《え》て寛《ひろ》き

面《めん》前《ぜん》の田地《でんち》は、放《はな》ち得《え》て寛《ひろ》きことを要《よう》し、人《ひと》をして不《ふ》平《へい》の嘆《なげ》き無《な》からしむ。

〔訳〕生きている間の心がまえは、できるだけ広く心が放たれていることが大切で、そうすれば不平不満に嘆く人がないようにさせることができる。

5

径路《けいろ》の窄《せま》き処《ところ》

径路《けいろ》の窄《せま》き処《ところ》は、一歩《いっぽ》を留《とど》めて人《ひと》の行《ゆ》くに与《あた》え、滋味《じみ》の濃《こまや》かなるものは、三分《さんぶ》を減《げん》じて人《ひと》の嗜《たしな》むに譲《ゆず》る、此《こ》れは是《こ》れ、世《よ》を渉《わた》る一《いつ》の極《ごく》安《あん》楽《らく》の法《ほう》なり。

〔訳〕こみちのせまい場所では、自分から一歩立ちどまりよけて、相手に行かせてやりまたおいしい食べ物は、自分の分を三分ぐらい減らして相手に譲ってやる。このような心がけこそ、この世を生きていく上で、一つの極めて安らかで楽しい方法である。

6
一歩《いっぽ》を譲《ゆず》る

世《よ》に処《お》るには、一歩《いっぽ》を譲《ゆず》るを高《たか》しとなす。歩《ほ》を退《しりぞ》くるは、即《すなわ》ち歩《ほ》を進《すす》むるの張本《ちょうほん》なり。

人《ひと》を待《ま》つには、一分《いちぶん》を寛《ひろ》くするは是《こ》れ、福《さいわい》なり。人《ひと》を利《り》するは、実《じつ》に己《おのれ》を利《り》するの根基《こんき》なり。

〔訳〕人が世の中を生きてゆく時には、自分から一歩をゆずることがよりすぐれた道である。この一歩をゆずることが、それがそのまま一歩を進める根本となるのである。

人を遇する時には、完全なことを求めないで、九分ぐらいに止めて、あとの一分は寛大にして見過ごすようにするのがよいことである。

7　個《こ》の有《ゆう》余《よ》不《ふ》尽《じん》の意《い》志《し》

事《じ》事《じ》、個《こ》の有《ゆう》余《よ》不《ふ》尽《じん》の
意《い》志《し》を留《とど》めば、便《すなわ》ち造《ぞう》
物《ぶつ》も我《われ》を忌《い》むこと能《あた》わず、
鬼《き》神《じん》も我《われ》を損《そこな》うこと能《あた》

わず。若《も》し、業《ぎょう》は必《かなら》ず満《まん》を求《もと》め、功《こう》は必《かなら》ず盈《えい》を求《もと》めば、内《ない》変《へん》を生《しょう》ずるにあらずば、必《かなら》ず外《がい》憂《ゆう》を召《まね》かん。

〔訳〕何事につけ、多少余裕を残し控えめにする気持ちを持ち続けていると、そうすると、造物主も私を忌《い》み嫌って禍《わざわい》を加えることはできないし、鬼神も私に対して害を加えることはできない。

しかし、もし仕事は必ず十分完成することを求め、功績は必ず十分であることを求めたならば、必ず、内部からの変事が起こってくるのでなかったならば、外部からの心配ごとを招くであろう。

8

家庭《かてい》

家《か》庭《てい》に個《こ》の真《しん》仏《ぶつ》有《あ》り、日用《にちよう》に種《しゅ》の真《しん》道《どう》有《あ》り。人《ひと》能《よ》く、誠《せい》心《しん》和《わ》気《き》・愉《ゆ》色《しょく》婉《えん》言《げん》もて、父《ふ》母《ぼ》兄《けい》弟《てい》の間《あいだ》をして、形《けい》骸《がい》両《ふた》つながら釈《と》け、意《い》気《き》交《こも》々《ごも》流《なが》れしめば、調《ちょう》息《そく》観《かん》心《しん》に勝《まさ》ること万《まん》倍《ばい》なり。

〔訳〕家庭の中には一つの真実の仏がおり、日常生活の中にも一つの真実の道がある。すなわち、人間同士が、真心をもって仲よくし、にこやかな顔色にやさしい言葉を使うことにより、父母兄弟の間柄を、

からだも気持ちもお互いに通じるようた
させたならば、息をととのえて気を
養ったり、心を観察して特別な修
行をして悟りを開くことよりもず
っとまさっている。

9

世《よ》に処《お》りては

世《よ》に処《お》りては、必《かなら》ずしも
功《こう》を邀《もと》めざれ。過《あやまち》無《な》き
は便《すなわ》ち是《こ》れ功《こう》なり。
人《ひと》に与《あた》えては、徳《とく》に感《かん》ず

ることを求《もと》めざれ。怨《うらみ》
無《な》きは便《すなわ》ち是《こ》れ徳《とく》なり。

〔訳〕人間が現実の社会で生きていく時
には、必ずしも功名を期待してはいけない」

大きな過《あやまち》が無く過ごすことができれば、それがそのままとりもなおさず功名である。

また、他人に対して恩恵を施す時には、その恩恵に感謝されることをもとめてはいけない。他人に怨《うら》まれるようなことをしなかったならば、それがそのまま恩恵である。

10

初心《しょしん》を原《たず》ぬ

事《こと》窮《きわ》まり勢《いきお》い蹙《せま》るの人《ひと》は、当《まさ》に其《そ》の初心《しょしん》を原《たず》ぬべし。功《こう》成《な》り行《おこな》い満《み》つるの士《し》は、其《そ》の末路《まつろ》を観《み》んことを要《よう》す。

〔訳〕なにか事にゆきづまり、かつての勢力もおとろえた人は、その出発点となった時の心をもう一度思い出し考えてみるべきである。

これに対して、功績を成し遂げ事業を十分に果たした人は、その先の行く末をよくよく見極めて自分の進退を決めることが必要である。

11 人情《にんじょう》は反復《はんぷく》

人情《にんじょう》は反復《はんぷく》し、世路《せろ》は崎嶇《きく》たり。行《ゆ》くに去《ゆ》けざる処《ところ》は、須《すべか》らく一歩《いっぽ》を退《しりぞ》くの法《ほう》を知《し》るべし。

〔訳〕人の心は時々刻々と変わりやすく、
人生の行路はほんとうにけわしい。
そこで、行こうとして行くことができ
ない時には、まず自分のほうから一歩を
退くというやり方を知らなければいけない。

12 魔《ま》を降《くだ》すには

魔《ま》を降《くだ》すには、先《ま》ず自《みずか》らの心《しん》を降《くだ》せ。心《しん》伏《ふく》さば則《すなわ》ち群《ぐん》魔《ま》も退《しりぞ》き聴《したが》う。横《ほしいまま》なるものを馭《ぎょ》するには、先《ま》ず此《こ》の気《き》を馭《ぎょ》せよ。気《き》平《たいら》かならば、則《すなわ》ち外《がい》横《おう》も侵《おか》さず。

〔訳〕魔性のものを降伏《ごうぶく》しようとするなら、

何よりもまず自分の心にある魔性を

降伏させることが大切である。種々の煩《ぼん》悩《のう》や妄想《もうそう》という魔性が起こらないようになれば、さまざまな外的な魔性も引きさがりさからうことがなくなってしまう。

また、横暴なものを制御しようとする

なら、何よりもまず自分自身にある横暴な気を制御することが大切である。自分にある勝心や客気《かっき》の気質が一串静になれば、さまざまな外的な横暴も自分を犯すことはなくなってしまう。

13
浪《なみ》静《しず》かなる中《なか》に

風《かぜ》恬《やすら》かに浪《なみ》静《しず》かなる中《なか》に。
人生《じんせい》の真境《しんきょう》を見《み》、味《あじ》淡《あわ》く
声《こえ》希《しず》かなる処《ところ》に、心体《しんたい》の
本然《ほんぜん》を識《し》る。

〔訳〕風波も安らかにおさまったような、俗世間を離れたところにこそ、人生の真のすがたを見ることができ、淡白《たんぱく》な味を味わい、静かな声を聞くような、耳・目・鼻・舌・身の五官の欲望を脱去した境界の

ところにこそ、心の本来の真実のあり
さまを知ることができる。

14

学《まな》ぶ者《もの》は

学《まな》ぶ者《もの》は、精神《せいしん》を収拾《しゅうしゅう》して、一路《いちろ》に併帰《へいき》することを要《よう》す。

〔訳〕学問の道に志す人は、精神を散らさないで整理し、一箇所に合わせ集中させることが必要である。

15

福《さいわい》は

福《さいわい》は事《こと》少《すく》なきより福《さいわい》なるはなく、禍《わざわい》は心《こころ》多《おお》きより禍《わざわい》なるはなし。

〔訳〕人生の幸福は、事件が少ないことより幸福なことはなく、また、災難は気持ちが多いことより災難なことはない。

16

人《ひと》の際《さい》遇《ぐう》

人《ひと》の際《さい》遇《ぐう》は、斉《せい》なる有《あ》り、斉《せい》ならざる有《あ》り。而《しか》して能《よ》く己《おのれ》をして独《ひと》り斉《せい》ならしめんや。

〔訳〕人間の身の上というものは、満足できる状態もあり、満足できない状態もある。であるから、どうして自分ひとりだけいつも満足できるような状態を望めようか。

17

学《がく》を講《こう》じて

学《がく》を講《こう》じて躬《きゅう》行《こう》を尚《とうと》ばざれば口《こう》頭《とう》の禅《ぜん》多《た》り。業《ぎょう》を立《た》てて種《しゅ》徳《とく》を思《おも》わざれば眼《がん》前《ぜん》の花《はな》多《た》り。

〔訳〕学問を講じても、理屈ばかりで自ら行うことを大切にしなければ、それは口先だけで禅をもてあそんでいるにすぎない。事業を起こしても、自分の利益を追求するだけで、徳を世に布き行うことを考えなければ、

眼の前に咲いているだけのはかない花に
すぎない。

18 苦《く》心《しん》の中《うち》に

苦《く》心《しん》の中《うち》に、常《つね》に心《こころ》を
悦《よろこ》ばしむるの趣《おもむき》を得《え》、
得《とく》意《い》の時《とき》、便《すなわ》ち失《しつ》意《い》の
悲《かな》しみを生《しょう》ず。

〔訳〕一生けんめいに苦労しているあいだには、
いつも心を喜ばせるようなあじわいがあり、
反対に、成功してすべてがうまくいっている
時には、その中にすでに失意の悲しみが
生じている。

19 天地《てんち》の気《き》

天地《てんち》の気《き》、暖《だん》ならば則《すなわ》ち生《しょう》じ、寒《かん》ならば則《すなわ》ち殺《さい》す。故《ゆえ》に性気《せいき》の清冷《せいれい》なる者《もの》は、受享《じゅきょう》も亦《また》涼薄《りょうはく》なり。唯《ただ》和気《わき》熱心《ねっしん》の人《ひと》のみ、其《そ》の福《ふく》も亦《また》厚《あつ》く、其《そ》の沢《うるお》いも亦《また》長《なが》し。

〔訳〕自然にめぐってくる四季の気候が、暖かいと万物は生《は》え育ち、寒いと枯れて死んでしまう。

だから、人の心が冷やかだと、天から受ける幸福も少なく薄い。ただ心がなごやかで、熱意ある人だけが、その福徳も厚く、そのめぐみもいつまでも続く。

20

一苦《いっく》一楽《いちらく》して

一苦《いっく》一楽《いちらく》して相磨《あいま》練《れん》し、

練《れん》極《きわ》まりて福《ふく》を成《な》さば、

其《そ》の福《ふく》始《はじ》めて久《ひさ》し。

〔訳〕苦しんだり楽しんだりして、磨き
あい、磨きあった結果が最高に達して
幸福が成就されたなら、そのような
幸福にしてやっと永続するものである。

21

風《かぜ》、疎《そ》竹《ちく》に来《き》たるも
風《かぜ》、疎《そ》竹《ちく》に来《き》たるも、風《かぜ》
過《す》ぎて竹《たけ》に声《こえ》を留《とど》
めず。

〔訳〕風がまばらな竹藪《やぶ》に吹いてくると、
その時、竹の葉は風に吹かれて鳴る
けれども、吹きすぎてしまえば、
もとの静けさにもどり、竹藪《やぶ》には
なんの音もしない。

何か事が起きた時には、心が動きますが、その事が終われば、心は又もとの状態にもどる、いつまでも執着しないという心の構えの健全性が、風、竹という簡潔な表現の中にあります。

声に出して読むことをしても、書くことにおいても、日本人の感性を快く刺激するものがあります。

よく引用されているのを見受けます。

22

閑《かん》中《ちゅう》に放過《ほうか》せざれば

閑《かん》中《ちゅう》に放過《ほうか》せざれば、忙《ぼう》処《しょ》に受用《じゅよう》有《あ》り。静《せい》中《ちゅう》に落空《らくくう》せざれば、動処《どうしょ》に受《じゅ》用《よう》有《あ》り。暗《あん》中《ちゅう》に欺隠《ぎいん》せざれば、明《めい》処《しょ》に受《じゅ》用《よう》有《あ》り。

〔訳〕ひまな時でも、いたずらに時を過ごさないようにふだん心がけていれば、多忙な時にはそのことが役に立つ。平安な時でも、ぼんやり過ごすことがないように心がけていれば、いったん事が起こった場合にそれが役に立つ。

23

静《せい》中《ちゅう》の念《ねん》慮《りょ》

静《せい》中《ちゅう》の念《ねん》慮《りょ》澄《ちょう》徹《てつ》ならば、心《こころ》の真《しん》体《たい》を見《み》る。閑《かん》中《ちゅう》の気《き》象《しょう》従《しょう》容《よう》ならば、心《こころ》の真《しん》機《き》を識《し》る。淡《たん》中《ちゅう》の意《い》趣《しゅ》冲《ちゅう》夷《い》ならば、心《こころ》の真《しん》味《み》を得《う》。心《こころ》を観《かん》じ、道《みち》を証《しょう》するは、此《こ》の三《さん》者《しゃ》に如《し》くは無《な》し。

〔訳〕静かな場所で、考えが澄みきっていると、心のほんとうのあり方を見ることができる。ひまな時に、気持ちがゆったりと落ち着いていると、心のほんとうのはたらきを知ることができる。あっさりとして、心がわだかまりなくおだやかであると、心のほんとうの味わいが得られる。心の鏡に写して自分の本心を見極め、真実でいつわりのないすがたを悟るのは、この三つの方法に及ぶものはない。

24

静《せい》中《ちゅう》の静《せい》

静《せい》中《ちゅう》の静《せい》は真《まこと》の静《せい》に非《あら》ず。動《どう》処《しょ》に静《せい》得《え》られば、纔《わず》かに是《こ》れ性《せい》天《てん》の真《しん》境《きょう》なり。楽《らく》処《しょ》の楽《らく》は真《まこと》の

24　静中の静

楽《らく》に非《あら》ず。苦《く》中《ちゅう》に楽《らく》得《え》られば、纔《わず》かに心体《しんたい》の真《しん》機《き》を見《み》る。

〔訳〕静かな環境の中で心を静かに保つことができたとしても、それはほんとうの静かな心ではない。わずらわしい環境の中でも、心を静かに保つことができるようになったなら、それでやっと本来の天から与

えられたほんとうの心の境地であると
いうことができる。
安楽な環境の中で心の楽しみが感じ
られたとしても、それはほんとうの楽
しみではない。苦しい環境の中にあっても、心が楽しむことができれば、それでやっと本来の心の真実のはたらきを知ることができる。

25

己《おのれ》を舎《す》てては

己《おのれ》を舎《す》てては、其《そ》の疑《うたが》いに処《お》ること毋《なか》れ。其《そ》の疑《うたが》いに処《お》らば、即《すなわ》ち舎《す》つる所《ところ》の志《こころざし》も多《おお》く愧《は》ず。人《ひと》に施《ほどこ》

しては、其《そ》の報《むく》いを責《せ》む
ることを毋《なか》れ。其《そ》の報《むく》いを
責《せ》むれば、併《あわ》せて舎《す》つる
所《ところ》の心《こころ》も倶《とも》に非《ひ》なり。

〔訳〕おのれという意識を捨てたなら、自己に対する疑問を持ち続けてはならない。そのような自己に執着する世界にいたならば、おのれを捨てたという高い志も自分で自分を恥ずかしめているようなことになる。

また、他人に恩恵を施したなら、その恩恵に対する見返りを求めてはならない。それを求めたならば、他人に恩恵を施したという高い心も、いっしょにだめになってしまう。

26
天《てん》の我《われ》に薄《うす》くするに

天《てん》の我《われ》に薄《うす》くするに福《ふく》を
以《もっ》てせば、吾《われ》は吾《わ》が徳《とく》を厚《あつ》
くして以《もっ》て之《これ》を迓《むか》えん。
天《てん》の我《われ》を労《ろう》するに形《かたち》を以《もっ》

てせば、吾《われ》は吾《わ》が心《こころ》を逸《いつ》にして以《もっ》て之《これ》を補《おぎな》わん。天《てん》の我《われ》を阨《やく》するに遇《ぐう》を以《もっ》てせば、吾《われ》は吾《わ》が道《みち》を亨《とお》らしめて以《もっ》て之《これ》を通《つう》ぜしめん。天《てん》も且《か》つ我《われ》を奈何《いかん》せんや。

〔訳〕天が私に貧困という苦しい立場を与えてくれたら、私はそれに対して、人に手厚く恩恵を施すことで対応しよう。天が私に肉体を苦しめるような状況を与えてくれたら、私はそれに対し、労苦を労苦と思わないような心を養って対応しよう。天が私に苦難の境遇という状態を与えてくれたら、私はわが

道を曲げないで　それを天に通じさせよう。
だから、天でさえ私の生き方をどうする
ことができようか。　どうすることもでき
ない。

27

此《こ》の心《こころ》常《つね》に看《み》得《え》て

此《こ》の心《こころ》常《つね》に看《み》得《え》て円満《えんまん》ならば、天下《てんか》自《おの》ずから欠陥《けっかん》の世界《せかい》無《な》からん。此《こ》の心《こころ》常《つね》に放《はな》ち得《え》て寛平《かんぺい》ならば、天《てん》下《か》自《おの》ずから険《けん》側《そく》の人《にん》情《じょう》無《な》からん。

〔訳〕自分の心を、いつも心がけて円満にするようにしておけば、この人間の世界には、自然に不備だと思う環境はなくなる。
また、自分の心をいつもおおらかにして
広く公平にするようにしておけば、この
人間の世界には、自然にとげとげしく
ねじけた心はなくなる。

28

逆境《ぎゃっきょう》の中《うち》に居《お》らば

逆境《ぎゃっきょう》の中《うち》に居《お》らば・周身《しゅうしん》
皆《みな》鍼《しん》砭《へん》薬《やく》石《せき》にして節《せつ》
を砥《と》ぎ、行《おこな》いを礪《みが》くも、
而《しか》も覚《さと》らず。順境《じゅんきょう》の内《うち》に

処《お》らば、満《まん》前《ぜん》尽《ことごと》く兵《へい》刃《じん》戈《か》矛《ぼう》にして、膏《こう》を銷《と》かし骨《ほね》を靡《へ》らすも、而《しか》も知《し》らず。

〔訳〕人間は、逆境にいる時は、身のまわりがすべて鍼《はり》や薬のようなものであり、その逆境によってけじめを磨《みが》き、行為を研《と》ぎすまされているのに、しかも自分ではそのことがわからない。

これに対し、人間は、順境にいる時は、

目の前がすべて刀や鉾《ほこ》のようなものであり、一見順境に見えるようなことによって身体は解かされ、骨身もけずられているのに、しかも自分ではそのことに気がつかない。

29

人《じん》心《しん》の一《いっ》真《しん》は

人《じん》心《しん》の一《いっ》真《しん》は、便《すなわ》ち霜《しも》をも飛《と》ばすべく、城《しろ》をも隕《おと》すべく、金《きん》石《せき》をも貫《つらぬ》くべし。偽《ぎ》妄《ぼう》の人《ひと》の若《ごと》きは、

形《けい》骸《がい》は徒《いたずら》に具《そな》わるも、
真《しん》宰《さい》は已《すで》に亡《ほろ》ぶ。人《ひと》に
対《たい》せば則《すなわ》ち面《めん》目《もく》は憎《にく》む
べく、独《ひと》り居《お》らば則《すなわ》ち
形《けい》影《えい》は自《みずか》ら媿《は》ず。

〔訳〕人間の心の真実というものは、それが通じると、夏に霜も降らすことができ、城もくずすことができ、金石も貫き通すことができる。

これに対して、真実がなくいつわりの心、

を持った人は、単に肉体だけは備わって
いても、肝心の本心はなくなっている。
そこで、人に対する時は顔つきまでも
憎々しくなり、一人でいる時は、自分自身
の姿形さえも自分でいやになってしまう。

30　爽《そう》口《こう》の味《あじわい》は

爽《そう》口《こう》の味《あじわい》は、皆《みな》爛《らん》腸《ちょう》腐《ふ》骨《こつ》の薬《くすり》なるも、五《ご》分《ぶ》ならば便《すなわ》ち殃《わざわい》無《な》し。快《かい》心《しん》の事《こと》は、悉《ことごと》く敗《はい》身《しん》喪《そう》徳《とく》の媒《なかだち》なつも、五分《ごぶ》ならば便《すなわ》ち悔《く》ゆることと無《な》し。

〔訳〕人の口を喜ばせるような美味な食べ物は、度を過ごせば胃腸をただれさせ、骨をも腐らせる毒薬となるが、ほどほどにしておけば人をそこなうことはない。また、人の心を楽しくさせるような誘惑的な事柄は、度を過ごせばその身をもち崩し、徳を失わせるはしわたしとなるが、

ほどほどにしておけば後に悔いることはない。

「ほどほどに」はよく使うことばです。しかし言うは易《やす》く、実践は内容によりむつかしいものが多いようです。

いろいろの理論も本当に理解するには、実験、実地体験や実践が不可欠です。生活は日々実践です。

疾病の中で、生活から予防可能なもの、又、生活を改善していくことが治療につながるものが多くあります。食生活からの見直しを必要とするものは、現在、年々多くなっています。

それでは実践する力をつけるには、どうすればよいでしょう。
一、成人であれば、実践可能な目標をもつことです。一つ一つ階段（目標）を上がることになります。

二、自然に身につけるには、生活習慣がついていく幼児期にふさわしい導きがあることです。

31

天地《てんち》は万古《ばんこ》有《あ》るも
天地《てんち》は万古《ばんこ》有《あ》るも、此《こ》の
身《み》は再《ふたた》びは得《え》られず。
人生《じんせい》は只《ただ》百年《ひゃくねん》なるのみ。
此《こ》の日《ひ》最《もっと》も過《す》ごし易《やす》し。

幸《さいわい》に其《そ》の間《かん》に生《う》まるる者《もの》は、有生《ゆうせい》の楽《たの》しみを知《し》らざるべからず、亦《また》虚生《きょせい》の憂《うれ》いを懐《いだ》かざるべからず。

〔訳〕天地は永遠のものであるが、この身はふたたび生まれてくることはできない。人生はせいぜい百年にすぎないのに、月日はどんどんたってしまう。しあわせなことにこの、永遠な天地の間に生まれてきた人間としては、生まれてきたという楽しみをぜひ知らなければいけないし、また、このせっかくの人生を無意義に過ごしてしまうのではないかという心配も持っていなければならない。

日本人の平均寿命は男性七九・一九歳、女性八五・九九歳（二〇〇八年厚生労働省発表）です。厚生労働省の最新のデータによりますと、女性は、二三年連続世界で最も長寿で、男性は世界三位となっています。

百歳まで生きることが可能となりましたが、天地から見れば人生は、わずか百年。広大な見地から、人生を慮《おもんぱか》る壮大さが感じられます。

又、再び得ることができない身の日々の過ごしかたについて、心づかいの細やかさがうかがえます。

32 老《ろう》来《らい》の疾《しっ》病《ぺい》は

老《ろう》来《らい》の疾《しっ》病《ぺい》は、都《すべ》て是《こ》れ
壮時《そうじ》に招《まね》くところのもの
なり。

〔訳〕身が老いてからの病気は、すべて若い時に摂生《せっせい》しなかったことによって招いたものである。

高齢になってはじめて生活習慣病であることがわかり、医療と食生活を自身でコントロールし、普通に生活できる状態を維持しておられる方もあります。

生活習慣病は年々増加の傾向にありますが、中でも糖尿病患者とその予備群が五年前に比べ三六パーセント増えています（二〇〇八年一二月厚生労働省発表）。

予防の時代に入りました現在、「老来の疾病は……」のことばは警鐘として受けとめたいものです。

33

父《ふ》兄《けい》骨《こつ》肉《にく》の変《へん》

父《ふ》兄《けい》骨《こつ》肉《にく》の変《へん》に処《お》りては、宜《よろ》しく従《しょう》容《よう》たるべく、宜《よろ》しく激《げき》烈《れつ》なるべからず。

〔訳〕親や兄弟などの身内の者が不慮の災難に見舞われた時には、なるべくゆったりと落ち着いているのがよく、決して感情をはげしく高ぶらせてはいけない。

34

小処《しょうしょ》にも滲《しん》漏《ろう》せず

小処《しょうしょ》にも滲《しん》漏《ろう》せず、暗中《あんちゅう》にも欺隠《きいん》せず、末路《まつろ》にも怠荒《たいこう》せず。纔《わず》かに是《こ》れ個《こ》の真正《しんせい》の英雄《えいゆう》なり。

〔訳〕小さなことであるからといってなおざりにすることなく、人が見ていないからといってごまかしたり隠したりすることなく、失意のどん底に落ちてしまったからといってなまけたりやけになったりしない。こうしたことができてこそ、ようやく一人のほんとうのすぐれた人物であるといえる。

35

衰《すい》颯《さつ》の景《けい》象《しょう》は

衰《すい》颯《さつ》の景《けい》象《しょう》は、就《すなわ》ち盛《せい》満《まん》の中《なか》に在《あ》り、発《はっ》生《せい》の機《き》緘《かん》は、即《すなわ》ち零《れい》落《らく》の内《うち》に在《あ》り。

〔訳〕物事が衰える兆候は、盛んで満ち足りているなかにあり、新しい芽生えのはたらきは、草木の葉が枯れ凋《しぼ》んだ状態の中にすでに伏在している。

36

吾《わ》が身《み》は一《いつ》の小天《しょうてん》地《ち》

吾《わ》が身《み》は一《いつ》の小天《しょうてん》地《ち》なり。

喜《き》怒《ど》をして愆《あやま》らず、好《こう》悪《お》、

をして則《のり》有《あ》らしめば、便《すなわ》ち

是《こ》れ燮《しょう》理《り》の功《く》夫《ふう》なり。

天《てん》地《ち》は一《いつ》の大《だい》父《ふ》母《ぼ》なり。民《たみ》をして怨《えん》咨《し》無《な》く、物《もの》をして氛《ふん》疹《しん》無《な》からしめば、亦《また》是《こ》れ敦《とん》睦《ぼく》の気《き》象《しょう》なり。

〔訳〕この我が身は、一つの小さな世界である。
喜びや怒りの気持ちをあやまることなく、
好き嫌いの気持ちを天地の法則に合う
ようにしたならば、それがそのままこの
身の調和をはかるはたらきである。

また、この世界は、我が身を包容する大きな父母のようなものである。すべての人に恨みや不幸がなく、万物をそれぞれ障害がないようにしたならば、これもやはり世界の平和なすがたである。

自らの心を自らの思いのままに運転しようとすると、困難という大きな壁につきあたります。

「吾が身は一の小天地」という表現にふれたとき、大きなものに包まれ、安心へと導かれる思いがします。

37　青《せい》天《てん》白《はく》日《じつ》の節《せつ》義《ぎ》

青《せい》天《てん》白《はく》日《じつ》の節《せつ》義《ぎ》は、暗《あん》室《しつ》屋《おく》漏《ろう》の中《うち》自《よ》り培《つちか》い来《き》たる。旋《せん》乾《けん》転《てん》坤《こん》の経《けい》綸《りん》は、臨《りん》深《しん》履《り》薄《はく》の処《ところ》自《よ》り操《と》り出《い》だす。

〔訳〕青空にかがやいている太陽のように明らかな節操や道義というものは、暗い部屋の人の見えないような目立たないところから養われてくるものである。また、世界を新しく変えるような国家の政策というものは、深い淵《ふち》に臨み、薄い氷を踏む時のような慎重な行動から導かれ出てくるものである。

38

徳《とく》は量《りょう》に随《したが》いて

徳《とく》は量《りょう》に随《した》いて進《すす》み、量《りょう》は識《しき》に由《よ》りて長《ちょう》ず。故《ゆえ》に、其《そ》の徳《とく》を厚《あつ》くせんと欲《ほっ》せば、其《そ》の量《りょう》を弘《ひろ》くせざるべからず。其《そ》の量《りょう》を弘《ひろ》くせんと欲《ほっ》せば、其《そ》の識《しき》を大《だい》にせざるべからず。

〔訳〕人徳はその人の心の広さに従って進み、その心の広さはその人の考え方に従って成長するものである。だから、人徳を高めようと思ったならば、その人の心を広くしなければいけない。その人の心を広くしようと思ったらば、その人の考え方を向上させなくてはいけない。

39

一《いっ》燈《とう》蛍《けい》然《ぜん》として

一《いっ》燈《とう》蛍《けい》然《ぜん》として、万《ばん》籟《らい》声《こえ》無《な》し。此《こ》れ吾《ご》人《じん》初《はじ》めて宴《えん》寂《じゃく》に入《い》るの時《とき》なり。暁《ぎょう》夢《む》初《はじ》めて醒《さ》め、群《ぐん》動《どう》

未《いま》だ起《おこ》らず。此《こ》れ吾《ご》人《じん》初《はじ》めて混《こん》沌《とん》より出《い》ずるの処《ところ》なり。此《こ》れに乗《じょう》じて一念《いちねん》廻《かい》光《こう》し、炯《けい》然《ぜん》として返《へん》照《しょう》せば、始《はじ》めて知《し》る、耳《じ》目《もく》口《こう》鼻《び》は皆《みな》桎《しつ》梏《こく》にして情《じょう》欲《よく》嗜《し》好《こう》は悉《ことごと》く機《き》械《かい》なることを。

〔訳〕夜も更《ふ》けて一灯の光もかすかになり、すべての物音も途絶える。これこそ私が身心を静かにして真理を観察する時である。暁の夢から醒《さ》めたばかりで、万物の活動もまだ起こらない。これこそ私が区別のない状態から出てきて真実を見極める時である。

このようなことをとして、知恵の光をめぐらし、はっきりと自分自身を反省したなら、耳目口鼻昇の感覚というものは、みな本来の心を束縛する手かせ足かせであり、煩悩《ぼんのう》や物欲は、すべて本来の心をあやつり誤らせるからくりであることがわかる。

40 水《みず》は波《なみ》あらざれば

水《みず》は波《なみ》あらざれば、則《すなわ》ち自《おの》ずから定《さだ》まり、鑑《かがみ》は翳《くもり》あらざれば、則《すなわ》ち自《おの》ずから明《あき》らかなり。故《ゆえ》に心《こころ》は清《きよ》く

すべき無《な》し。其《そ》の之《これ》を混《にご》らす者《もの》を去《のぞ》かば、清《せい》自《おの》ずから現《あら》わる。楽《たの》しみは必《かなら》ずしも尋《たず》ねず、其《そ》の之《これ》を苦《くる》しむ者《もの》を去《のぞ》かば、楽《たの》しみ自《おの》ずから存《そん》す。

〔訳〕水は波さえなければ、そのまま静かなものであり、鏡は曇っていなければ、そのまま事実をはっきりと写し出す。

だから人の心もことさら清くしようとする必要はない。心を濁らす俗念を取り除けば、本来の清らかさがそのままあらわれてくる。また楽しみも、必ずしも自分の外に求める必要はない。心を苦しめる雑念を取り

払うことができれば、本来の楽しみがそのまま
そこにあるのである。

41

念《ねん》頭《とう》の寛《かん》厚《こう》なるもの

念《ねん》頭《とう》の寛《かん》厚《こう》なるものは、春《しゅん》風《ぷう》の煦《く》育《いく》するが如《ごと》し。万《ばん》物《ぶつ》は之《これ》に遭《あ》いて生《しょう》ず。念《ねん》頭《とう》の忌《き》刻《こく》なるものは、朔《さく》雪《せつ》の陰《いん》凝《ぎょう》するが如《ごと》し。
万《ばん》物《ぶつ》は之《これ》に遭《あ》いて死《し》す。

〔訳〕気持ちがゆったりと豊かな人は、たとえば春
風が万物をあたため育てるようなものである。

すべてのものは、そのような恩恵を受けると生長する。

これに対して、残忍な心の持ち主は、たとえば北地の雪が万物を凍りつかせるようなものである。すべてのものは、そのような災《わざわ》いに出

会うと枯死してしまう。

子どもを育てる親の姿と一致するものがあります。生きとし生けるものすべてよい生長へと導かれることばです。

現在は多忙な時代です。ゆったりとあたため育てる、意識して心にとめたいことばです。

本来人がもっているものに、あたたかい心があります。その心の表現が、ことばです。しかしことばが出ない時は、ほほえむことができます。即ち全身で心は表現できます。

ゆったりとしたあたたかいことば、又、全身の心の表現は、特に病を得た人が、自己治癒力をひきだすもとにもなります。

42

人《ひと》の過《か》誤《ご》は

人《ひと》の過《か》誤《ご》は宜《よろ》しく恕《ゆる》すべし。而《しか》れども己《おのれ》に在《あ》りては則《すなわ》ち恕《ゆる》すべからず。己《おのれ》の困《こん》辱《じょく》は当《まさ》に忍《しの》ぶべし。而《しか》れども人《ひと》に在《あ》りては則《すなわ》ち忍《しの》ぶべからず。

〔訳〕他人のあやまちは許すようにすべきである。しかし自分のあやまちはみずから

許してはいけない。自分のつらい境遇は耐え忍ばなければいけない。しかし他人の困って
いることはだまって見ていてはいけない。

43
心《しん》体《たい》は、便《すなわ》ち是《こ》れ天《てん》体《たい》

心《しん》体《たい》は、便《すなわ》ち是《こ》れ天《てん》体《たい》なり。一《いち》念《ねん》の喜《よろこ》びは、景《けい》星《せい》慶《けい》雲《うん》なり。一《いち》念《ねん》の怒《いか》りは、震《しん》雷《らい》暴《ぼう》雨《う》なり。一《いち》念《ねん》の慈《いつく》しみは、

和《わ》風《ふう》甘《かん》露《ろ》なり。一念《いちねん》の厳《きび》しさは、烈日《れつじつ》秋霜《しゅうそう》なり。何者《なにもの》か少《か》き得《え》ん。只《ただ》、随《したが》って起《おこ》り随《したが》って滅《めっ》し、廓《かく》然《ぜん》として碍《さわり》無《な》きを要《よう》せば、便《すなわ》ち太《たい》虚《きょ》と体《たい》を同《おな》じくす。

〔訳〕人間の心の本体は、それがそのまま宇宙そのものである。一つの喜びの心は、めでたい星やめでたい雲であり、一つの怒りの心は、

とどろく雷やはげしく降る雨であり、
一つの他をいつくしみ愛する心は、のどかな春
風やめぐみの雨であり、一つのきびしい心は、
照りつける夏の太陽やきびしい秋の霜で
ある。

このような人間の心は、宇宙の現象
そのもので、どれを欠くことができようか。
ただ、起こるそばから消えていき、しかも
そのあとはからりとして何のさまたげも
ないことが必要なので、それで宇宙の

根元と心の本体は同じであるということになる。


人間の心は宇宙そのもの。

何という広いことばでしょう。

「心体は、便ち是れ天体なり」

いつの間にか口から出てくることばです。次いで書き進んでいきますと、心とは何ぞや、一つ一つ解析されていくように感じられます。

解析後はきわめて心がさわやかになります。

44　事《こと》無《な》きの時《とき》

事《こと》無《な》きの時《とき》・心《こころ》は昏《こん》冥《めい》し
易《やす》し。宜《よろ》しく寂《せき》々《せき》にして、
照《てら》すには惺《せい》々《せい》を以《もつ》てすべし。
事《こと》有《あ》るの時《とき》・心《こころ》は奔《ほん》逸《いつ》し

易《やす》し。宜《よろ》しく惺々《せいせい》にして、主《しゅ》とするには寂々《せきせき》を以《もっ》てすべし。

〔訳〕なんの事件も起こらない時、心はぼんやりとってものが見えなくなりやすい。だから、心を静かに落ち着けて、澄んだ明らかな目でものを見るようにしなさい。

これに対し、いったん何か事件が起こった時、心はやはり常軌を逸してしまいやす。だからこのような時は、目を澄ませて明らかにし、静かに落ち着くことを心がけるようにしなさい。

45　事《こと》を議《ぎ》するには

事《こと》を議《ぎ》するには、身《み》は事《こと》の外《そと》に在《あ》りて、宜《よろ》しく利害《がい》の情《じょう》を悉《つく》すべし。事《こと》に任《にん》ずるには、身《み》は事《こと》の中《なか》に居《お》りて、当《まさ》に利害《りがい》の慮《おもんぱかり》を忘《わす》るべし。

〔訳〕物事をあれやこれやと考える時は、自分の身は客観的立場において、利害に対する判断を十分に考慮しなさい。それを実行する時は、自分の身はその仕事の真っ只中において、利害に対する打算を忘れるようにしなさい。

46 一念《いちねん》の慈《じ》祥《しょう》は

一念《いちねん》の慈《じ》祥《しょう》は、以《もっ》て両間《りょうかん》の和気《わき》を醞《うん》醸《じょう》すべく、寸心《すんしん》の潔白《けっぱく》は、以《もっ》て百代《ひゃくだい》の清芬《せいふん》を昭垂《しょうすい》すべし。

〔訳〕ちょっとしたいつくしみや善心が、天地の間にある人の心のやわらいだ気持ちをかもし出すことができ、ほんのわずかの心の潔白さが、百代後まで続く清くかぐわしい人の心を明らかにかがやかし示し伝えることができる。

人と人とのかかわりにおいて、これまで会ったことがない、少し知っている、非常によく知っている、等々その度合いはいろいろですが、どのような場合でも、心をことばとして挨拶をすることにより、お互いに一日の心の働きが豊かになります。健康に一日を過ごすきっかけともなります。

特に幼児や高齢の方々へのことばがけは、直ちにその反応がよくわかるものです。

47
山《やま》に登《のぼ》りては

語《ご》に云《い》う、「山《やま》に登《のぼ》りては側《そく》路《ろ》に耐《た》え、雪《ゆき》を踏《ふ》みては危《き》橋《きょう》に耐《た》う」と。一《いつ》の耐《たい》の字《じ》、極《きわ》めて意《い》味《み》有《あ》り。傾《けい》険《けん》の人情《にんじょう》、坎《かん》坷《か》の世《せ》道《どう》の如《ごと》き、も、若《も》し一《いつ》の耐《たい》の字《じ》を得《え》て、撑《とう》持《じ》し過《す》ぎ去《さ》らずば、幾《いく》何《ばく》か榛《しん》莽《ぼう》坑《こう》塹《ざん》に堕《だ》入《にゅう》せざらんや。

〔訳〕古語に「山に登る時は、険しい傾斜路に耐えて行き、積雪を踏んで行く時には、危険な橋に注意し耐えて歩きなさい」と言っている。

この「耐」という一字には、極めて深い意味がある。険しく危ない世間の人の心や、容易に進めない世の中の道のようなものは、もし「耐」の一字を身につけて、それを大事な身の支えとして生きていかないなら、どれだけ多くの人が、やぶや草むらや、穴や堀の中

に陥らないですむことがあろうか。いや
ほとんどの人が陥ってしまうにちがいない。

48

磨《ま》礪《れい》は

磨《ま》礪《れい》は当《まさ》に百《ひゃく》煉《れん》の金《きん》の如《ごと》くすべし。急《きゅう》就《しゅう》せば遂《すい》養《よう》に非《あら》ず。施《し》為《い》は宜《よろ》しく千《せん》鈞《きん》の弩《ど》の似《ごと》くすべし。

軽《けい》発《はつ》せば宏《こう》功《こう》無《な》し。

〔訳〕自分自身を錬《れん》磨《ま》するには、くり返し練りきたえる金属のようにすべきである。速成したのでは深い修養とはならない。事業を興すには、強い石弓を放つときのように慎重にすべきである。軽々しく興したならば大きな成果は得られない。

人生は学ぶことの連続です。

繰り返すという方法によって、本当に自身のものとすることができるものです。

反覆は不可欠であることを「百煉」という表現で示されています。

49 払《ふつ》意《い》

払《ふつ》意《い》を憂《うれ》うること毋《なか》れ、
快《かい》心《しん》を喜《よろこ》ぶこと毋《なか》れ。
久《きゅう》安《あん》を恃《たの》むこと毋《なか》れ、
初《しょ》難《なん》を憚《はばか》ること毋《なか》れ。

〔訳〕思い通りにならないからといって心をいためてはいけないし、また、思い通りになったからといってやたらと喜んではいけない。いつまでも平安無事であるからといって、それをたよりにしてはいけないし、また、

49　払意

最初に困難にぶつかったからといって、むやみに恐れきらってはいけない。

思うようにならないことのそばに、思いがけない小さなほっと安らぎを覚えることが控えているものです。

ただ、小さな安らぎがあることに気付くか否かです。こだわりが強すぎたり自己中心に陥っていると、感じないものです。

自分を客観視してみますと、「払意」をチャンスととらえることも可能な場合があります。

◇

小さな美術作品かと思わせる道端《ばた》の植物の天然の造形に学ぶところが多いもの

です。

秋になりますと、夏の暑さをしのいだイネ科のエノコログサが緑から茶色となり、美しくととのっています。緑の若い時も良いのですが、枯れ色になりますと緑にないものを感じます。

コンクリートのすき間にあるわずかな土で、耐えながら精一杯生きているというあかしを示しているように思えます。

50

冷《れい》眼《がん》もて

冷《れい》眼《がん》もて人《ひと》を観《み》、冷《れい》耳《じ》もて語《ご》を聞《き》き、冷《れい》情《じょう》もて感《かん》に当《あた》り、冷《れい》心《しん》もて理《り》を思《おも》う。

〔訳〕冷静な眼で人物を観察し、冷静な耳で人の言うことをよく聞き、冷静な感情で人の心を動かすものに対処し、冷静な心で道理を考えるようにする。

51

風《かぜ》斜《なな》めに

風《かぜ》斜《なな》めに雨《あめ》急《きゅう》なる処《ところ》は、脚《あし》を立《た》て得《え》て定《さだ》めんことを要《よう》す。花《はな》濃《こま》やかに柳《やなぎ》艶《えん》なる処《ところ》は、眼《め》を着《つ》け得《え》て高《たか》からんことを要《よう》す。
路《みち》危《あや》うく径《こみち》険《けわ》しき処《ところ》は、
頭《こうべ》を回《めぐ》らし得《え》て早《はや》からん
ことを要《よう》す。

〔訳〕横なぐりの風が吹き、はげしく雨が降っているような時には、脚を大地にしっかり安定させて立つ必要がある。花は色こまやかに、柳はあでやかな美しい場所では、眼を一段と高い所に据《す》えて見る必要がある。大通りや小道も危険な場所であったら、さっさともとの道のほうに振り向き引き返す必要がある。

菜根譚におもう

『菜根譚』は繰り返し読んでいますと、深遠なものを感じる不思議な書物です。古人のことばは、読む人それぞれに受けとめ方の濃淡はありますが、自らの生きてゆく力につながっていくことが多くあります。

ことばは生きる力となります。

食糧の生産や加工技術等の進歩により、人々の生活は豊かになってきました。しかし、豊かになりすぎますと、これまで多くの人々が懸命に行ってきた食物を得るための労働や、生きていくためのもろもろの営みに、何らの思いももたない、互いにかかわり合っていることを忘れ去ってしまうことが多いものです。

人としての心の本来の姿が見失われてしまう時が危ない時です。危うい心を救い上げる書物の一つに菜根譚があります。

本書は、前集のみの抜粋ですが、後集には、もっと多くの心にしみ入ることばがあります。

人は、自然の一員であり、自然の中で生かされています。日本人の感覚は、自然によってとぎすまされてきたと考えてもよいほど日本は自然に恵まれています。「生物多様性」ということばが、現在使われるようになりました。身近な自然環境を大切にすることは、多種の生物と人間が相互にかかわり合って、それぞれの「いのち」を「生きる」ことにつながり、大きなものにまとめあげられていく思いがします。

『菜根譚』のことばには、有限な存在である人間への限りないやさしさと日々の生活実践へ向けてのあとおしが感じられます。

おわりに

手は体の外の脳であり又、感覚器
とも言われ、手の機能は、古くから高く
評価されています。
手の運動の学習は、たえず向上が見られ

るとも言われます。ペンや筆を持ち手指を調節しながら文字を書くことは、からだの機能を回転させ、年齢を問わず向上が見られます。

日本には「かな」がありますが、「かな」を入れて書きすすみますと、やわらかくやさしい感じにもなります。わが国で発生した「かな」を存分に使って自分自身の字をのびやかに表現してみましょう。

最後に、菜根譚の抜粋にあたり、その訳文の引用を快諾いただいた講談社、中村璋八氏、石川力山氏に感謝いたします。

著者プロフィール

磯野 美智子（いその みちこ）

1939年、山口県に生まれる。
山口芸術短期大学教授
栄養学 Ph.D.

本書は、「自らを調え、生きる力」をささやかながら得ていくことを試みたものです。

菜根譚を書いてみますと、読むだけとは異なるものを感じるでしょう。

それは、手指を動かすことで、いつのまにか「自らを調え、今をよりよくしていく力」が少しずつ湧いてくるからです。

今を生きることば 菜根譚の心を書く

2010年３月15日　初版第１刷発行

著　者　磯野 美智子
発行者　瓜谷 綱延
発行所　株式会社文芸社
〒160-0022 東京都新宿区新宿１－10－１
電話 03-5369-3060（編集）
03-5369-2299（販売）

印刷所　神谷印刷株式会社

ISBN978-4-286-07920-2